역사가 술술
나라를 구한 용감한 장군

바다의 왕 장보고

펴낸곳 ㈜에픽캔 | **펴낸이** 이유범
기획 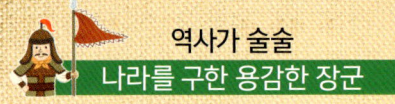 | **편집총괄** 김현수
감수 방대광(고대사대부고 역사 교사) 송치중(장위중 역사 교사)
편집·디자인 에픽캔 출판기획팀 | **제작** 이광범, 전호엽
출판등록 제2014-000147호
주소 서울시 영등포구 양평로 118 휴라이프빌딩 4층
전화 02)6004-5077 | **e-mail** info@epican.net

* 이 책은 저작권법에 따른 보호를 받는 저작물이므로 무단전재와 복제를 금합니다.
* 이 책 내용의 일부를 사용하려면 저작권자인 EBS와 출판권자인 ㈜에픽캔의 동의를 얻어야 합니다.
* 이 책은 EBS 미디어와 출판권 설정을 통해 EBS의 생방송 톡톡 보니하니 중 <역사가 술술>을 책으로 엮었습니다.
* 파본이나 잘못된 책은 구매하신 곳에서 바꾸어 드립니다.

ⓒ EBS, All rights reserved. 2016

⚠ 책 모서리가 날카로워 다칠 수 있으니 사람을 향해 던지거나 떨어뜨리지 마십시오.

역사가 술술

바다의 왕
장보고

에픽캔

 신라 바다를 지키는 장보고

장보고는 당나라에서 신라로 왜 돌아왔을까?

중국 당나라 서주, 장보고는 노예로 잡혀 온
신라 사람들을 보고 깜짝 놀랐어요.
신라 사람들이 너무 비참하게 살고 있었거든요.
당시 장보고는 당나라 군대 장수였지만,
원래는 신라 사람이었기에 무척 화가 났어요.

당나라 군사여, 모두 나를 따르라!

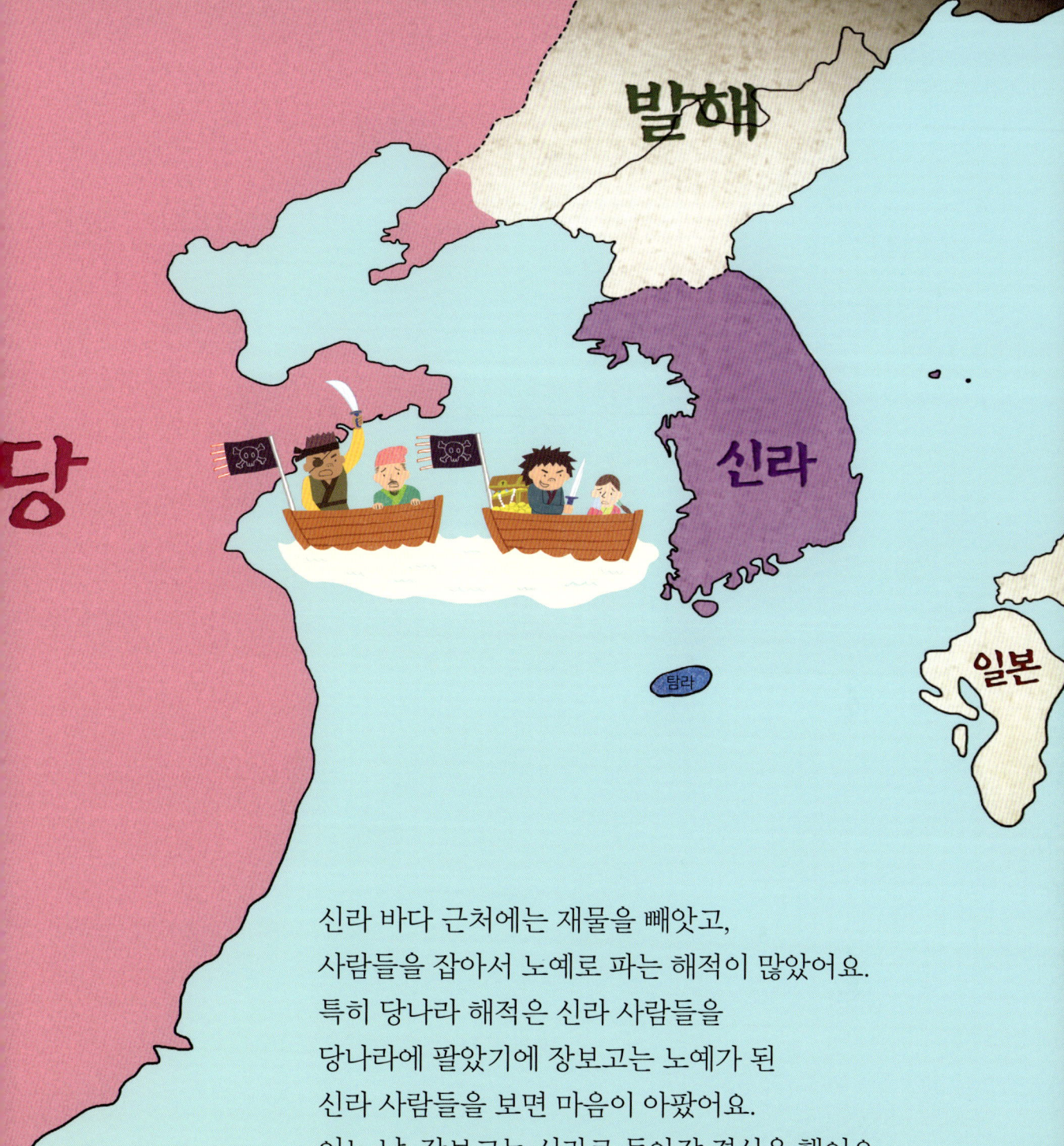

신라 바다 근처에는 재물을 빼앗고,
사람들을 잡아서 노예로 파는 해적이 많았어요.
특히 당나라 해적은 신라 사람들을
당나라에 팔았기에 장보고는 노예가 된
신라 사람들을 보면 마음이 아팠어요.
어느 날, 장보고는 신라로 돌아갈 결심을 했어요.
장보고는 신라로 돌아가 무엇을 하려는 걸까요?

❋ **해적** 배를 타고 다니면서 다른 배나 해안 지방을 습격해 재물을 빼앗는 강도

장보고는 신라 남쪽 작은 섬에서 태어났어요.
어려서부터 활과 창을 잘 다뤘으나,
신라에서는 평민인 장보고가 출세하기 어려웠지요.
장보고는 정년과 함께 당나라로 건너갔어요.
무예가 뛰어났던 장보고는 당나라 서주의
무령군이라는 군대에 들어갔어요.
그러고는 여러 전투에서 공을 세워
무령군 소장이 되었어요.

술술이의 역사 탐험

당나라와 신라의 교류가 활발해지면서 당나라에는 신라 사람들이 모여 사는 곳이 생겼어요. '신라방'이라는 곳으로 주로 중국을 오가는 상인과 불교를 공부하러 오는 승려 등이 모여 동네를 이루었는데, 장보고도 당나라에 있을 때는 신라방에서 생활했을 것으로 짐작해요.

장보고는 당나라에서 크게 출세했지만,
노예가 된 신라 사람들을 볼 때면
떠나온 신라가 걱정되었어요.
당나라 해적이 여전히 신라 사람들을
마구 잡아 왔거든요.
신라 흥덕왕은 해적의 횡포에도
신라 사람들을 구할 방법이 없었어요.

✳ **흥덕왕** 신라 제42대 왕
횡포 제멋대로 굴며 몹시 난폭함

장보고는 신라로 돌아와 흥덕왕에게 1만의
군사를 주면 청해(지금의 전라남도 완도)에
진을 설치해 해적을 모두 잡겠다고 했어요.
청해는 당나라와 일본을 오갈 수 있는 길로
해적이 자주 나타나는 곳이었지요.
흥덕왕은 장보고를 청해진 대사로 임명했어요.
장보고는 청해의 장도에 진을 설치하고
마침내 해적을 모두 몰아냈어요.

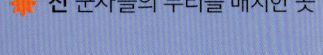
진 군사들의 무리를 배치한 곳

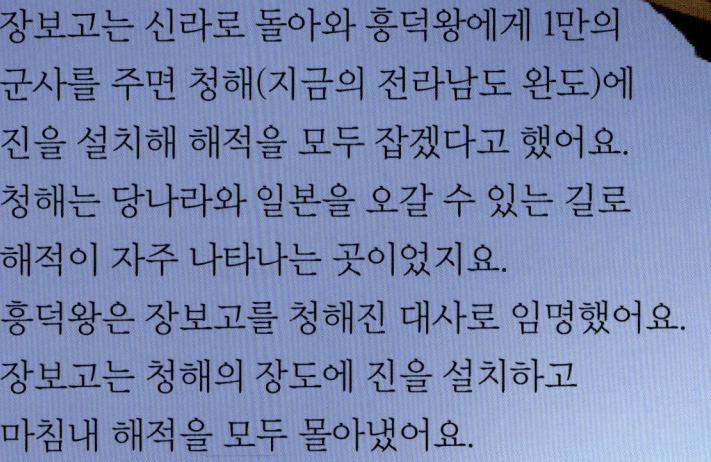

당시 청해진 대사는 왕에게서 맡겨진 일을
책임지고 처리할 수 있는 모든 권한을 받아
시행하는 직책이었어요.
흥덕왕이 장보고의 실력을 믿고 중요한
임무를 맡긴 것으로 보여요.

완도 청해진 유적(사진 출처-문화재청)

장보고는 당나라와 일본의 중간인 청해진에서
당나라 물건은 일본에 팔고, 일본 물건은 당나라에 팔아
많은 돈을 벌면서 세력을 크게 키웠어요.

이번에는 신라 물건을 잔뜩 사가세.

청해에 진을 설치하는 모습과 해적이 사라진 청해진 (사진 출처-장보고기념관)

장보고는 이후 이슬람 상인들과도 물건을 사고팔면서 바닷길을 더 멀리 넓혔어요. 장보고는 청해진을 활동의 중심으로 삼아 해상 무역을 장악했어요.

✽ **해상 무역** 거래하는 물건을 배로 실어 보내 사고파는 일
　장악 무엇을 마음대로 할 수 있게 됨을 이르는 말

너도나도 신라 물건을 사려고 줄을 선다네.

도전! 역사가 술술 퀴즈

신라 시대에, 당나라에 생긴 곳으로 신라 사람들이 많이 모여 살던 곳은 어디일까요?

장보고의 활약으로 청해진은 여러 나라의 배가 드나들면서 물건을 사고파는 무역의 중심지가 되었어요.
장보고가 신라 사람들을 위해 세운 절인 적산 법화원은 당나라에 사는 신라 사람들에게 평안을 주었던 곳으로, 장보고가 무역을 할 때도 많은 도움이 되었어요.

(사진 출처-장보고기념관)

적산 법화원(사진 출처-장보고기념관)

장보고는 양주와 영파에는 신라와 일본 물건을 팔았고, 하카타에는 신라와 당나라, 멀리 아라비아에서 온 물건을 팔면서 상인으로서의 이름도 널리 알렸어요.

일본

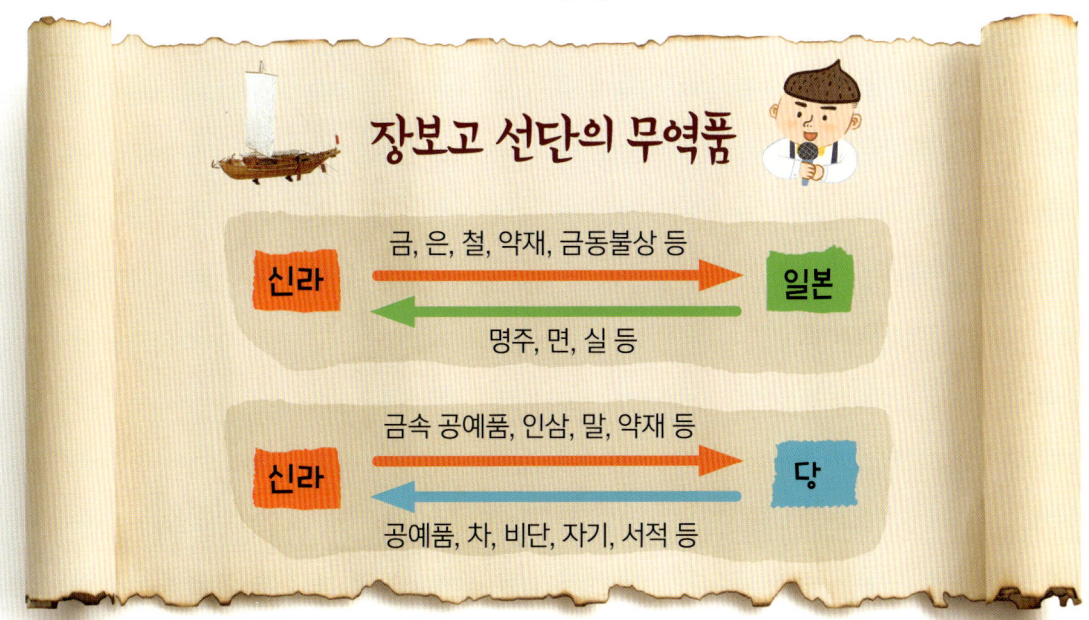

장보고 선단의 무역품

신라 → 일본: 금, 은, 철, 약재, 금동불상 등
신라 ← 일본: 명주, 면, 실 등

신라 → 당: 금속 공예품, 인삼, 말, 약재 등
신라 ← 당: 공예품, 차, 비단, 자기, 서적 등

바다를 휘어잡은 장보고는 이후 신라 왕실 싸움에
휘말리면서 부하 염장에게 죽임을 당했어요.
청해진은 851년에 폐쇄되었지요.
해적을 소탕하고 신라와 당나라, 일본을 연결하며
바다를 이끌었던 장보고는 우리 역사의 자랑이랍니다.

완도 청해진 유적(사진 출처-문화재청)

술술이의 역사 노트

바다를 장악한 장보고

- **780년대 후반** 청해에서 태어남
- **819년** 당나라 무령군 소장이 됨
- **820년대 초** 적산 법화원 세움
- **820년대** 신라로 돌아옴
- **828년** 청해진을 설치함
- **846년** 세상을 떠남
- **851년** 청해진이 폐쇄됨

이름에 숨겨진 장보고 이야기

장보고의 본이름은 궁복 또는 궁파로 알려졌어요. 언제부터 장보고라는 이름을 사용했을까요?

장보고는 신라에 있을 때는 성은 없이 활을 잘 쏜다는 의미가 있는 '궁복'으로 불렸어요. 신분이 낮은 사람들은 성이 없었거든요. 당나라로 간 뒤 스스로 '궁'과 한자가 비슷하면서 당나라에서 흔하게 쓰는 '장'을 성으로 쓰고 '복'과 소리가 비슷한 '보고'를 쓰지 않았을까 짐작해요. 일본의 기록에도 '장보고'로 되어 있는데, 여기에서는 재물이 많다는 뜻의 일본어 '보'를 썼어요. 중국과 일본의 역사책에도 장보고의 훌륭한 인품과 업적에 대해 쓰여 있는데, 우리나라 역사상 한국, 중국, 일본 세 나라 역사에 모두 실린 인물은 장보고밖에 없을 정도로 대단한 인물이랍니다.

(사진 출처-장보고기념관)

장보고의 흔적이 있는 청해진

신라와 당나라, 일본을 잇는 해상 무역의 중요한 길목이었던 장도에 남아 있는 청해진 유적을 살펴보아요.

장도로 들어가는 길 (사진 출처-장보고기념관)

청해진은 총 890미터의 성벽을 해안을 따라 설치했는데, 방어용 통나무로 울타리를 만들어 외부 사람들의 접근을 막았어요.

청해진 건물지예요. 이곳에 주민들이 집이나 건물을 짓고 살았어요.

(사진 출처-문화재청)

(사진 출처-문화재청)

아주 옛날 이곳에 살던 사람들이 길어 마시던 우물이에요.

청해진을 볼 수 있게 언덕 위에 만들어진 고대예요. 땅바닥을 단단하게 하려고 흙을 눌러 다져서 만들었어요.

(사진 출처-문화재청)

신라 사람들의 모습

신라는 기원전 57년에 세워져, 676년에 삼국을 통일했어요.
고구려와 백제, 중국과 서역 등의 문화를 받아들여
독특한 문화를 만든 신라 사람들의 생활 모습을 알아보아요.

신라 귀족들은 금으로 만든 화려한 장식품을 많이 사용했어요. 다양한 장식품을 통해 신라의 정교하고 아름다운 공예 기술을 알 수 있고, 토용으로는 신라 사람들의 옷차림을 알 수 있어요.

황남 대총 금팔찌(사진 출처-국립중앙박물관)

경주 부부총 금귀고리
(사진 출처-국립중앙박물관)

토용(사진 출처-문화재청)

예전에, 순장할 때에 사람 대신으로 무덤 속에 함께 묻던 흙으로 만든 인형이에요.

신라 고분에서 발견된 항아리에서 불에 탄 쌀과 달걀이 있었던 것으로 보아 이때도 쌀과 달걀을 먹었던 것으로 보여요. 그러나 이런 음식은 신분이 높은 귀족들만 먹었고, 일반 백성들은 보리나 조, 콩, 수수 등을 먹었을 거예요.

천마총 자루솥
(사진 출처-국립중앙박물관)

토우가 붙은 항아리
(사진 출처-국립중앙박물관)

신라의 집은 유적지나 유물을 통해서 알 수 있는데, 이마에 뿔이 돋아난 무서운 짐승 얼굴을 입체적이고 실감 나게 표현한 기와로 집을 지었을 것으로 보여요. 또한, 집 모양 뼈 그릇을 통해 통일 신라 시대의 기와집 형태를 짐작할 수 있어요.

집 모양 뼈 그릇
(사진 출처-국립중앙박물관)

짐승 얼굴 무늬 기와
(사진 출처-국립중앙박물관)

술술이의 활동 노트

신라 사람들을 잡아간 해적

당나라 해적은 신라 사람들을 마구 잡아갔어요.
해적이 신라 사람들을 당나라로 잡아간 이유는 무엇일까요?

① 주인으로 모시려고

② 장사를 시키려고

③ 노예로 팔려고

정답: ③

해적을 물리친 장보고

장보고가 당나라에서 신라로 돌아와 해적을 물리치기 위해 청해에 설치한 진은 무엇일까요?

(사진 출처-장보고기념관)

① 신라방　　　② 청해진　　　③ 무령군

정답: ②

술술이의 활동 노트

당나라에서 장수가 된 장보고

신라에서 태어난 장보고는 당나라로 가서 장수가 되었어요.
장보고는 왜 신라가 아닌 당나라 장수가 되었을까요?

① 신라에서는 평민이 출세하기 어려웠기 때문에

② 당나라에서는 모든 신라 사람이 장수가 되었기 때문에

①: 정답

바다를 누빈 장보고

해적을 물리치고 바다를 장악한 장보고에 대해 알아보아요.
문제를 잘 읽고 사다리를 타고 내려가요.

- 장보고를 청해진 대사로 임명한 신라 왕은?
- 장보고가 당나라로 건너가서 무예로 소장까지 된 부대는?
- 장보고와 함께 당나라로 간 사람은?
- 장보고가 신라 사람들을 위해 당나라에 세운 절은?

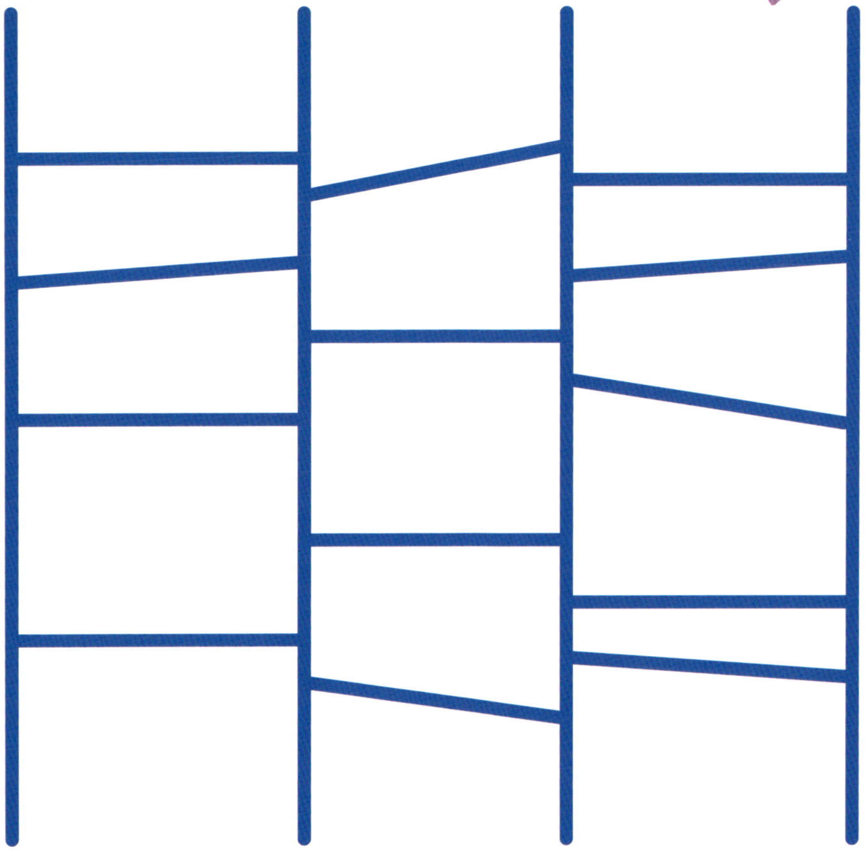

적산 법화원   정년   흥덕왕   무령군